vente Prix 1868 - Février - 29

M. Moreau

AQUARELLES

ET

DESSINS MODERNES

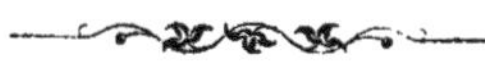

EXPOSITION

Le Vendredi 28 Février 1868, de 1 heure à 5 heures.

VENTE

Le Samedi 29 Février 1868, à 1 heure précise.

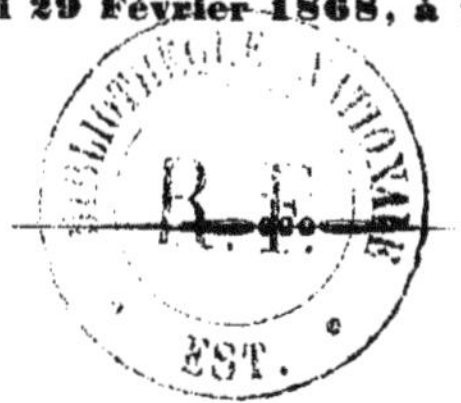

Me DELBERGUE-CORMONT
COMMISSAIRE-PRISEUR.

M. FRANCIS PETIT
EXPERT.

RENOU & MAULDE

IMPRIMEURS DE LA COMPAGNIE DES COMMISSAIRES-PRISEURS

Rue de Rivoli, 144.

CATALOGUE

DES

AQUARELLES

ET

DESSINS MODERNES

DONT LA VENTE AURA LIEU

HOTEL DROUOT, SALLE N° 4

Le Samedi 29 Février 1868

A DEUX HEURES PRÉCISES

M° **DELBERGUE-CORMONT,** Commissaire-Priseur,
rue de Provence, 8,

Assisté de M. **FRANCIS PETIT,** Expert, rue Saint-Georges, 7.

CHEZ LESQUELS SE DISTRIBUE LE PRÉSENT CATALOGUE.

EXPOSITION PUBLIQUE

Le Vendredi 28 Février 1868, de 1 heure à 5 heures.

PARIS — 1868

CONDITIONS DE LA VENTE

Elle sera faite au comptant.

Les Acquéreurs paieront CINQ POUR CENT en sus du prix d'adjudication, applicables aux frais.

DÉSIGNATION

ALAUX

1 — Un Pèlerinage.

Sépia.

2 — Femmes grecques poursuivies par des Corsaires.

Sépia.

ANDRIEUX

3 — Tambour de la garde nationale.

Aquarelle.

BEAUME

4 — La Lecture de la Bible.

Aquarelle.

5 — Repos de chasseurs.

Aquarelle.

BELLANGÉ

6 — Le Retour au pays.

Aquarelle.

7 — Hussard en tirailleur.

Aquarelle.

BELLANGÉ (H.

8 — Grenadier de la garde en faction.

Aquarelle.

9 — Petite Paysanne.

Dessin.

10 — Un Gendarme à cheval.

Dessin à la plume.

BLOCK (DE)

11 — Buveurs dans un cabaret.

Sépia.

BONVIN

12 — Servante bretonne.

Dessin rehaussé.

BOSSUET

13 — Vue extérieure d'une église.

Aquarelle.

BOULANGER (ÉLISE)

14 — Enfants entourant une chèvre malade.

Aquarelle.

BOUQUET

15 — Ruisseau traversant une prairie.

Pastel.

BOUQUET

16 — Mare au milieu d'un bois.

Pastel.

BOURDET

17 — Sujets tirés des œuvres de Schiller.

Deux aquarelles.

BOUTON

18 — Galerie d'un cloître.

Sépia.

BRACKELEAR (Ferdinand de)

19 — Le Bénédicité.

Sépia.

CALLOW (William)

20 — Bateaux de Pêcheurs.

Aquarelle.

CANON

21 — Vieille Femme lisant.

Dessin à la plume.

22 — Une Feuille de croquis.

Dessin à la plume.

CAUVIN

23 — Plage à Saint-Honorat.

Aquarelle.

CHARLET

24 — Napoléon à cheval.

Dessin.

25 — L'Empereur Napoléon en Allemagne.

Sépia.

26 — La Balançoire.

Dessin.

CLAYS

27 — Canal aux environs d'Anvers.

Aquarelle.

28 — Gibraltar.

Aquarelle.

29 — Pleine Mer avec bateau de pêcheurs.

Sépia.

30 — Marine. Côtes de Sicile. .

Aquarelle.

31 — Vue de Hollande.

Aquarelle.

COIGNET (Jules)

32 — Ermitage.

Aquarelle.

COGNIET (L.)

33 — Italienne portant de l'eau.

Sépia.

O'CONNEL (Mme)

34 — Jeune Femme accoudée sur une terrasse.

Aquarelle.

COOPER

35 — Paysage.

Dessin.

COTTREAU

36 — Un Pape.

Dessin.

DAGNAN

37 — Hutte de bûcheron au bord d'un étang.

Aquarelle.

DAVID (L.)

38 — La Promenade en bateau.

Aquarelle.

DECAISNE

39 — Figure de Femme.

Dessin.

DECAMPS

40 — Jeune Berger surpris par l'orage dans les montagnes.

Sépia.

DECAMPS

41 — Paysan et son Enfant.

Dessin.

42 — Deux Feuilles croquis d'animaux.

Dessins.

DELACROIX (AUGUSTE)

43 — Enfants de pêcheurs.

Aquarelle.

44 — Vue de Ville.

Aquarelle.

DELAROCHE (P.)

45 — La Grand'Mère aveugle.

Dessin rehaussé.

46 — Le Soir.

Dessin rehaussé.

47 — Moine lisant.

Dessin.

48 — Jeune Femme assise, son éventail à la main.

Dessin.

DESCHAMPS

D'APRÈS KARL GIRARDET

49 — La Seine près Bougival.

Aquarelle.

ENFANTIN

50 — Vue de Suisse.

Sépia.

FENDI

51 — Le Bon Ange.

Aquarelle.

FIELDING (Newton)

52 — Un Pélican.

Sépia.

FORT (Th.)

53 — L'Empereur au camp de Châlons.

Aquarelle.

FOSSATI

54 — Vue intérieure d'une Mosquée.

Aquarelle.

FRANTZ

55 — Paysage et Animaux.

Aquarelle.

56 — Souvenir de Constantinople.

Aquarelle.

GALLAIT

57 — La Famille du soldat.

Sépia.

GHEMARD

58 — Danotar Castle.

Aquarelle.

GIOVANNI SYLVESTRI

59 — Cour intérieure d'un palais à Rome.

Sépia.

GIUSEPPINI (de Rome)

60 — Promenade en bateau.

Dessin à l'essence.

GRANET

61 — Moines dans la galerie souterraine d'un cloître.

Aquarelle.

GUDIN

62 — Marine. Effet de pluie.

Aquarelle.

GUERT

63 — Paysage.

Aquarelle.

HÉROULT

64 — Souvenir d'Étretat.

Aquarelle.

HUBERT

65 — Coupe de bois.

Aquarelle.

66 — Le vieux Port de Dunkerque.

Aquarelle.

ISABEY

67 — Un Matelot.

Aquarelle.

68 — Plage à marée basse.

Aquarelle.

JOLY

69 — Une Vallée en Suisse.

Sépia.

JONGKIND

70 — Falaise.

Aquarelle.

JUNG

71 — Combat dans Magenta.

Aquarelle.

72 — Une Ferme en Normandie.

Aquarelle.

73 — Vedette.

Aquarelle.

JUNG

74 — Batterie d'artillerie en marche.

Aquarelle.

JUSTIN OUVRIÉ

75 — Vue de Ville (Suisse allemande).

Aquarelle.

KEYSER (DE)

76 — Prisonnier.

Sépia.

77 — Un Gentilhomme.

Dessin.

KELLIN

78 — Bords de la Seine.

Aquarelle.

KŒKKŒK

79 — Paysage italien.

Aquarelle.

80 — Un grand Bois.

Aquarelle.

LAMI (E.)

81 — Sortie de l'Opéra italien en 1826.

Aquarelle.

82 — Un vieux Cocher.

Aquarelle.

LAURENS (J.)

83 — Le Puits abandonné. Aquarelle.

LAUTERS

84 — Paysage accidenté. Dessin.

85 — Environs de Malines. Aquarelle.

LEBAS

86 — Ruines d'une vieille tour. Aquarelle.

87 — Ruines en Auvergne. Aquarelle.

88 — Eruption du Vésuve. Aquarelle.

LEPOITTEVIN

89 — Pêcheur et sa Fille. Aquarelle.

LESSORE

90 — Jeune Mère et ses Enfants. Aquarelle.

LOVE

91 — Vue d'Écosse. Aquarelle.

MADOU

92 — Une Salle d'auberge flamande.
Aquarelle.

93 — Gentilhomme attablé devant un pot de bière.
Aquarelle.

94 — Attaque de la Lunette de Saint-Laurent à Anvers.
Aquarelle.

95 — Vieux Pêcheur de Scheveningue.
Sépia.

MARILHAT

96 — Habitation à Nicosia.
Dessin à la plume.

97 — Saint Antonio.
Dessin à la plume.

MARNY

98 — Un Canal à Abbeville.
Aquarelle.

MARSAUD

99 — La Ratière.
Aquarelle.

MENNESSIER

100 — Ruines près d'un vieux parc.
Sépia.

MOERENHOUT

101 — Chevaux de hallage déchargeant un bateau.
Sépia.

MOREL FATIO

102 — Vue d'Antibes.
Aquarelle.

NAVEZ

103 — Mère et Enfant.
Dessin.

104 — Figure de Cérès.
Dessin.

OWEN

105 — Vieille Ville sur les bords du Rhin.
Aquarelle.

PAPETY

106 — Rosella.
Aquarelle.

107 — Italien marchand de ricotte.
Aquarelle.

PARIS

108 — Taureau se frottant contre un tronc d'arbre.
Pastel.

RAFFET

109 — Lucrèce Borgia. Le Banquet.

Aquarelle.

RIBOT

110 — Un Cuisinier.

Dessin à la plume.

ROBERT (Léopold)

111 — Italiennes dans la campagne de Rome.

Sépia.

ROGIER (Camille)

112 — Femme turque dans un jardin.

Aquarelle.

ROQUEPLAN

113 — Paysage ; soleil couchant.

Aquarelle.

SCHELFHOUT

114 — Bateau sur la Meuse.

Aquarelle.

115 — Paysage hollandais.

Aquarelle.

SCHINDLER (de Vienne)

116 — Un Jour de fête.

Aquarelle.

SEBRON

117 — Intérieur de Cloître.

Sépia.

SIMÉON FORT

118 — Paysage. Effet du soir.

Aquarelle.

THIENON

119 — Vue du Lac et du Bourg de Hallstadt (Haute-Autriche).

Dessin rehaussé.

TRANCART

120 — Marée basse.

Aquarelle.

121 — Entrée d'un Port.

Aquarelle.

VAN MOER

122 — Intérieur d'une église en Belgique.

Aquarelle.

123 — Un Canal à Rotterdam.

Aquarelle.

VALERIO

124 — Femme suisse et son enfant.

Dessin rehaussé.

VALERIO

125 — Les Enfants de la ferme.

Aquarelle.

VEYRASSAT

126 — Une Plage en Normandie.

Aquarelle.

127 — Le Retour de la fenaison.

Aquarelle.

128 — Le Chariot de varech.

Dessin rehaussé.

VERREYT

129 — Un Moulin. Effet de lune.

Aquarelle.

WALDORP

130 — Une Porte d'Anvers.

Aquarelle.

ÉCOLE ALLEMANDE MODERNE

131 — Domestique promenant deux chevaux.

Aquarelle.

Renou et Maulde, imprimeurs de la Compagnie des Commissaires-Priseurs,
rue de Rivoli, 144. 11821

www.ingramcontent.com/pod-product-compliance
Ingram Content Group UK Ltd.
Pitfield, Milton Keynes, MK11 3LW, UK
UKHW020538180726
13839UKWH00006B/2582